Für Stefan, Niki und die
engagierten Männer der White Ribbon
Kampagne gegen Gewalt
(www.whiteribbon.at)

neue männer gedichte

Texte für Männer –
Gedankenanstöße für Paare

Peter Redvoort

© 2008 Peter Redvoort
http://maennergedichte.blogspot.com

Herstellung und Verlag: Books on Demand
GmbH, Norderstedt
ISBN 978-3-8370-4447-8

Bibliographische Information der Deutschen
Nationalbibliothek:
Die Deutsche Nationalbibliothek verzeichnet
diese Publikation in der Deutschen
Nationalbibliographie; detaillierte
bibliographische Daten sind im Internet über
http://dnb.d-nb.de abrufbar.

INHALT

VORWORT

Die vorliegenden Texte entspringen meinem rund zwanzigjährigen Befassen mit dem Mannsein, in dessen Verlauf ich meine persönlichen Erfahrungen immer wieder sozialwissenschaftlichen und psychologischen Erkenntnissen gegenüber gestellt habe (weil ich das als Soziologe und Coach so gewohnt bin).

Vor allem in letzter Zeit dachte ich mir jedoch immer wieder:

Manches von dem, was in wissenschaftlichen Büchern oft kompliziert erklärt wird, könnte man in dichterischer Form vielleicht viel einfacher darstellen! – und die persönliche Betroffenheit gleich „dazuschreiben".

Ich würde mich freuen, wenn mir das in manchen der hier abgedruckten Texte gelungen ist. Sie mögen andere Männer zum Nachdenken anregen und könnten auch Paaren Anstöße für gemeinsame Gespräche liefern.

Einige der Texte können Sie auch im Internet auf http://maennergedichte.blogspot.com kommentieren und diskutieren.

Passau, im Februar 2008,   Peter Redvoort

MEINE GEDANKEN

MÄNNERPROBLEME

Wenn ich zurückdenke
an die drei Jahre Männergruppe
damals in den Achtzigerjahren,
und an die Probleme,
die wir dort diskutierten
komme ich zu dem Schluss,
dass das meiste davon nicht
unbedingt "Männerprobleme" waren:

Unter Unsicherheit, beruflichen Problemen,
Beziehungsproblemen, Studienproblemen
leiden Frauen auch.

(Ich geben zu: bei den sexuellen Problemen
war es schon eher "männerspezifisch").

Das schöne und neue für uns alle war jedoch,
dass wir anderen Männern freimütig
eingestehen konnten,
dass wir diese Probleme hatten.

DAS KÜHLE BLONDE

Endlich Feierabend!
Endlich aufs Sofa hau´n, den Fernseher
aufdrehn und ein kühles Blondes aus dem
Kühlschrank aufmachen!

Wir Männer trinken abends keinen Tee,
wir trinken Bier, ganz klar.

Um runterzukommen von dem ganzen Stress
- und um uns zu belohnen!

Und vielleicht auch um zu vergessen, warum
wir uns diesen Wahnsinn täglich antun:

Für das Eigenheim, die Raten fürs neu
gekaufte Auto, den Riesenfernseher und die
Fernreise, oder für die paar Zeichen des
beruflichen Erfolges, nach denen wir so
gieren,

weil unser Vater uns nie gelobt hat:

Die feierliche Erwähnung bei der
Betriebsfeier, die Namensnennung im
Firmenbericht, den Abteilungsleiterposten -
inklusive größerem Büro, vielleicht sogar ein

Zeitungsartikel über die tollen persönlichen Leistungen in dieser renommierten Firma ...

Schließlich mit fünfundvierzig kommen manche von uns drauf:

Es ist *nie* genug - wir sind *nie* mit uns zufrieden, denn unsere Väter sind schon tot - und können uns nicht mehr loben.

Im schlechtesten Fall saufen wir danach immer mehr, im besten gehen wir in eine Psychotherapie.

Oder in eine Männerselbsterfahrungsgruppe.

Um den Schmerz noch einmal zu erinnern, und ihn dann endlich loszulassen.

Denn ein guter und "richtiger Mann" sind wir sowieso.

Auch ohne das Lob von irgendwem.

MÄNNERZIRKUS KRIEG

Wir schreiben den August 2006
und wieder einmal explodieren Sprengsätze
im nahen Osten, fliegen Raketen vom einen
Land in das andere.

Worauf wiederum das andere mit
Bombardement kontert.

"*Mindestens* elf Tote unter den Zivilisten" sagt
die Sprecherin im Fernsehen.
Und ich frage mich, warum es bei den Toten
immer "mindestens" sein muss.

Ist die Nachrichtenredaktion dieses
Männersenders vielleicht ebenso ein Teil des
Männerzirkus´ Krieg, wie der Krieg selbst -
jenes Männerspiel mit der Regel, dass
Probleme nur mit Waffengewalt gelöst
werden dürfen?

Sind mehr Tote auch mehr Punkte, wie in
einem Video-Kriegsspiel?

Schießen Soldaten nicht auch deshalb, um
vor anderen Männern gut dazustehen?
Bestärkt durch die tödliche Lüge, dass man
jederzeit fürs Vaterland in den Krieg ziehen

muss (anstatt fürs Vaterland jede Variante friedlicher Verhandlungen auszuprobieren).

Und ich frage mich:
Wie würde der Konflikt ausgetragen, wenn Frauen an der Spitze der beiden Staaten stehen würden?

Ich kann nicht glauben, dass eine Frau, die die Mühsal des Aufwachsens von kleinen Kindern jahrelang getragen und die Behutsamkeit für den Schutz des kleinen Menschenlebens jahrelang gewährleistet hat, ihr Kind hinaus in den Bomben- und Kugelhagel schickt, wo dieses sorgsam herangereifte Leben binnen Sekunden beendet werden kann.

Wir schreiben das Jahr 2006

Und ich bin gespannt, ob ich diese neuen Regierungen der Mutterländer noch erleben werde.

ONE NIGHT STÜTZEN

Die einzige Selbstdefinition, die den
verunsicherten, vaterlosen Männern bleibt,
ist:

"Ich habe Sex - also bin ich ein Mann".

Und so machen sie sich mit starrem Blick auf
Dekolletes und kurze Röcke auf die Jagd,
machen sich selbst fertig, wenn es nicht
klappt, machen Frauen fertig, die nur One-
Night-Stützen ihres Männlichkeitsklischees
waren, und machen mit Räuschen ihre
eigenen Körper fertig, deren aufkeimende
Unlust nicht sein darf.

Nur eines wird nicht fertig:

Die erwachsene Einsicht, dass ein Mann auf
jeden Fall ein Mann ist,

egal ob er Sex hat oder nicht.

BACK TO MY ROOTS

Es ist nicht falsch
nach den Jahren der Rebellion gegen "den
Alten" zu erkennen,
dass ich meinem Vater ähnlich bin.

Dass ich die Natur liebe wie er,
und das Lesen,
ich mir seine - oftmals verhasste -
Sparsamkeit angewöhnt habe
und das frühe Aufstehen.

Das sind keine bösen Dinge
(und das waren sie nie).

Und wenn mein Vater jetzt auch schon lange
tot ist,
so lebt er doch in mir weiter,
und manche, die ihn noch gekannt haben,
erkennen ihn in mir wieder.

ZWEI GESUNDE HÄNDE

Wenn das christliche Gebot stimmt,
"Liebe deinen Nächsten, wie auch DICH
SELBST",
so gestehe ich:

Ich tue letzteres
immer wieder gerne
mit zwei gesunden Händen.

Und nach diesem kleinen Glück
bin ich tatsächlich oft motivierter
auch meine Nächsten zu lieben.

NEUN BIS FÜNF

Immer wieder Freunden zugeraunt "mein
Traumjob ist das nicht ...",
immer wieder das "Hamster im Laufrad"
Gefühl gehabt.
Immer wieder abends zu müde für irgendwas
gewesen,
große Träume auf die lange Bank geschoben,
und Anerkennung in der Arbeit vermisst.

Aber auch jeden Tag einen guten Grund
gehabt, aufzustehen und nicht liegen zu
bleiben,
eine Aufgabe, für die ich Fähigkeiten
entwickelt habe und die ich ganz gut mache.
Verantwortung in einem Team übernommen
und die anderen nicht hängen gelassen.

Zwei Seiten einer Medaille ...

Ein "Rädchen in der Maschine" kann für das
große Ganze ziemlich wichtig sein,
und so lange ich keine klare Alternative habe,
stelle ich mich der Verantwortung, diesen Job
zu machen,

in dem ich gebraucht werde.

FÜNFMAL LIEBE

Andreas sagt er liebe seine Angelika
weil er Angst hat er bekäme nie wieder eine
so hübsche Frau (1).
Oliver sagt er liebe seine Freundin,
weil sie die erste war die ihm im Bett seine
Phantasien erfüllte (2).
Franz sagt er liebe seine Frau,
weil sie ihm zwei so entzückende Kinder
geschenkt hat (3).
Bernhard sagt er liebe seine Frau, weil sie den
nötigen Esprit und Stil mitbrachte, der "in
seinen Kreisen" unabdingbar sei (4).
Und Alfred sagt er liebe seine philippinische
Frau, weil er weiß, dass er sonst nie eine Frau
gefunden hätte (5).

Karl Z., so steht es in der Zeitung, hat seine
Frau aus lauter Eifersucht umgebracht.
Er selbst habe beim Verhör beteuert:
"Ich habe sie so geliebt!"

Und ich sage mir:
Irgendwo liegt hier wohl ein gravierendes
Missverständnis vor ...

FÜR MARSHALL B. ROSENBERG*)

Ich danke dir
dass du mir erklärt hast
dass hinter jedem Streit
ein Bedürfnis steckt,

und jede Wut
mir helfen kann
diese Bedürfnisse kennen zu lernen.

Gerade als Mann ist es wichtig für mich
nicht als frustrierter Kämpfer zu enden
sondern loszulassen

und den Mut zu haben
eine Bitte zu formulieren,
anstatt verbal um mich zu schlagen.

*) Erfinder der "Gewaltfreien Kommunikation" über
die er ein paar tolle Bücher geschrieben hat und die er
international in der Konfliktmediation erfolgreich
einsetzt.

FAMILIENFREUNDLICHE POLITIK

Ich werde jenen politischen Parteien,

die sich über den Geburtenrückgang
mokieren

und "mehr Kinderfreundlichkeit in der
Gesellschaft" fordern,

erst dann Glauben schenken,

wenn ihre männlichen Politiker
bei der Geburt ihrer Kinder
ohne weiteres in Karenz gehen.

EGOSHOOTER

Es gibt Verhaltensweisen,
die in unserer Gesellschaft eindeutig ein
Verbrechen sind.

Einen Menschen zu töten zum Beispiel.

Wie ist es dann möglich, dass es Videospiele
gibt, in denen dieses Verbrechen geübt
werden kann,
in realistischer dreidimensionaler Grafik
und mit fließendem Blut?

Die großen Kinder unter den Männern,
die das Verbot solcher Spiele verhindern
wollen (weil sie sie vielleicht selbst gerne
spielen) sagen dann:

Es würde ein Schwarzmarkt für Killerspiele
entstehen, wenn der legale Verkauf verboten
würde.

Als ob die Existenz von Schwarzmärkten,
etwa für Drogen, Waffen oder
Kinderpornographie ein Argument dafür
wäre, diese Dinge nicht zu verbieten ....

Der legale Verkauf von Killerspielen

ist teil einer unglaubwürdigen Gesellschaft,
an deren Machthebeln möglicherweise
Männer sitzen
für die Gewalt ein letztes Ideal
ihrer eigenen brüchigen Männlichkeit ist.

ZEIT FÜR FREUNDE

"Diese Woche geht es schlecht", höre ich
mich am Telefon sagen.
"Aber nächste Woche bestimmt!"
Und, statt mir einen Termin auszumachen:
"Rufen wir uns Anfang der nächsten Woche
an!"

Ich bleibe lieber unverbindlich.

Weil es gut sein kann, dass ich nach den
Stunden im Büro noch einen Umweg über
den großen Park am Stadtrand machen will,
um spätnachmittags noch ein paar
Sonnenstrahlen abzubekommen.

Oder dass ich in der Bibliothek
vorbeischauen will, dann zu meiner Mutter
(das ist ewig lange versprochen), und
natürlich zu meiner Freundin.

Meine Arbeit frisst soviel Zeit auf ...
vielleicht frisst sie auch Freundschaften auf,
wenn man - wie ich - auch noch Natur,
familiäre Verpflichtungen, die Liebe,
Kulturgenuss und auch Beschaulichkeit und
Ruhe unter einen Hut bringen will.

Aber in nehme mir fest vor:

Ich werde einen Weg aus diesem Job-Laufrad suchen und ab dann zu diesem Freund sagen:

"Warum nicht gleich heute Nachmittag um drei – beim Tischtennistisch im Park!".

MÄNNERTHEATER

Manche Männer schauen immer ernst drein -
fast böse, finde ich.

Und ich frage mich, welche Probleme sie
haben -
oder ob sie mehr Probleme als Frauen
haben?

Vielleicht liegt es nur daran, dass sie
niemanden zum reden haben,
denke ich mir dann.

Oder sie spielen das "ich bin cool"
Männertheater.
Wird auch manchmal in der Variante "ich bin
böse" vorgeführt.

Gelernt von Bruce Willis, Sylvester Stallone
und Jean Claude Van Damme,

weil der eigene Vater gerade nicht da war.

UNMÄNNLICHE MÄNNER?

Wenn ich einen Mann sehe, der sich mit
großer Sorgfalt einen außergewöhnlichen
Haarschnitt zurechtgelegt hat,
und diesen nun laufend in der U-Bahn auf
seinen perfekten Sitz überprüft,
denke ich mir:
"So eine Lachnummer - so eitel zu sein ist
doch unmännlich ..!"

Und vielleicht sogar:
"Mit so was kommst du bei den Frauen doch
nicht an, die wollen einen richtigen Mann,
glaube mir!"

Und ertappe mich dabei zu denken:

Ein richtiger Mann sollte einfach praktisch
gekleidet und gestylt sein,
so praktisch, dass er völlig "unkompliziert"
durchs Leben gehen kann,
ohne Kamm, Fön oder Sicherheitsnadel ...
Und nicht dauernd seine Frisur oder sein
Styling überprüfen.

Aber eigentlich:
Wir leben im einundzwanzigsten
Jahrhundert, in dem Männer nicht mehr

stundenlang Wälder (oder Großstadtfluchten)
durchwandern müssen,

sondern auch stundenlang vor dem Spiegel
stehen können.

Das ist nichts Schlimmes, das tut niemandem
weh.

Und ob das bei den Frauen ankommt,
kann mir eigentlich egal sein.

AUF DER HEIDE UND IM WALD

Auf der Heide und im Wald
ist es besonders schön
der Natur zurückzugeben
was sie mir an flüssigem Genuss geschenkt
hat.

Ich stehe bei einem Baum,
umgeben von Blättern
und werde wieder ganz Ureinwohner,
verschmelze mit der Fauna,
rieche Rinde und Moos,
und höre die Vögel zwitschern.

Bin vielleicht schon müde vom Weg,
darf zufrieden sein,
darf mich fallen lassen und
darf es fließen lassen -
zurück zur Natur.

SEX IM KINO

Traurige Sache:
Wenn ich etwas über Sex aus den Kinofilmen
hätte lernen wollen, die ich schon alle
gesehen habe,
dann stände ich jetzt noch immer ziemlich
dumm da.

Egal ob romantische Lovestory oder ein
Beziehungsdrama, das irgendwann im Bett
endet (Natürlich muss dort alles sanft
ausgeblendet werden, das ist klar, aber der
Rest ...?):

Der Mann auf der Frau - sagen wir zu achtzig
Prozent?
Die Frau auf dem Mann - sagen wir zu 15
Prozent?
Leidenschaftliche Küsse, verschlungene
Hände, wildes Rollen auf die andere Seite ...

Aber nie: nebeneinander liegen für jene
Handarbeit,
die einer Frau dann die größte Lust bereiten
kann?

Also: Aus diesen Filmen hätte ich es nicht
gelernt ...

Gott sei Dank hat mich jemand "wirklicher" an der Hand genommen.

Aber die armen Regisseure - warum hat es ihnen niemand gezeigt?

DIE HAUSARBEIT AUFWERTEN

Ab und zu ist der Satz in politischen
Diskussionen noch zu hören:
"Man muss die Erziehungs- und Hausarbeit
aufwerten!" (damit wieder mehr Frauen zu
hause bei den Kindern bleiben).

Genau von jenen Männern,
die absolut nichts mit diesen Aufgaben am
Hut haben:

Spitzenpolitiker konservativer Parteien,
die spät abends heimkommen
(zu spät für Haus- und Erziehungsarbeit)
und Kleriker in langen schwarzen Roben,
die noch nie ein schreiendes Kind in den
Armen hielten,
und noch nie mehrmals in der Nacht
aufstehen mussten,
um ein Kind zu beruhigen.

Es tut mir leid:

Ich kann niemandem glauben,
der vorgibt, etwas für so wichtig zu halten,
und es selbst niemals tut.

WICHSER

Über manche Schimpfworte kann ich nur
mehr lachen,
obwohl ich weiß, dass sie andere Männer
aggressiv machen.

In sehr angenehmen Gesprächen mit einigen
guten Freunden ist doch klar geworden,

dass wir uns alle ganz gerne ab und zu selbst
Lust bereiten.

Wie kann "Wichser" also ein Schimpfwort
sein?

Vielleicht ist "Wichser" also eher ein Hilferuf,
wie:

"Ich habe keinen Freund, mit dem ich ehrlich
über Sex reden kann !!!"?

Könnte doch sein, oder?

MARKIEREN

Hunde markieren gerne ihr Revier,
aber wie können wir Männer ein eigenes
Revier abstecken?
Diverse Bäume (und Mauern) markieren wir
ja nur mehr
wenn wir betrunken sind
(und es nicht mehr bis in die Wohnung
schaffen).

Also schreiben wir "Markus was here"
auf die Wand im Männerklo
Oder hinterlassen eine "Message" in einem
"Guestbook" im Internet.
Wenn wir dann noch unseren richtigen
Namen dazuschreiben,
oder unser einzigartiges Pseudonym
("Markus75")
ist das schon eine tolle Sache:

Wir können weltweit markieren -
und unser Revier ist klar abgesteckt:

Es ist mit GOOGLE zu finden!

MÄNNER-SCHUBLADEN

Das geht ziemlich schnell, nachdem ich einen anderen Mann zum ersten Mal gesehen habe - in fünf Sekunden vielleicht? - und er ist in einer meiner Männer Schubladen gelandet:

Erfolgreicher als ich, attraktiver als ich (da spannt sich etwas in mir an ...),
erfolgreicher als ich, aber weniger attraktiv (schwierige Sache: da bin ich innerlich noch immer ein wenig unruhig ...)
Gleich erfolgreich wie ich, aber weniger attraktiv (locker lassen, Freundlichkeit ihm gegenüber wird möglich),
weniger erfolgreich als ich, aber attraktiver als ich (das lassen wir durchgehen ...).
Weniger erfolgreich, weniger attraktiv – (keine Gefahr, grünes Licht, ich entspanne mich ...).

Noch schwieriger wird die Sache, wenn seine Frau dabei ist:

Erfolgreicher, attraktiver Mann, schöne Frau: "Ganz klar, dass er die gekriegt hat!"
Erfolgreicher, aber unattraktiver Mann, schöne Frau: "Eine Geld-Heirat -

wahrscheinlich hat sie keinen leidenschaftlichen Sex mehr mit ihm" ...

Gleich erfolgreicher, gleich attraktiver Mann wie ich, schöne Frau: "Wie hat er die gekriegt?" - innerliches Aufplustern - eigentlich ist er unsympathisch ...

Weniger erfolgreich, aber attraktiver als ich, schöne Frau: "Ich sollte mehr Sport betreiben oder öfter an die Sonne raus ..." - "Schön, aber dumm" (sie).

Weniger erfolgreich, weniger attraktiv, aber schöne Frau: "Wahrscheinlich ist sie abhängig von ihm - blöder Macho"

Weniger schöne Frau - ein harmloser Mann, eigentlich zu bedauern ...

Und manchmal passiert es dann, dass ich nach einer halben Stunde plaudern denke: Ein wirklich intelligenter, witziger Mann, egal wie er oder seine Freundin aussieht.

Oder:
Ein bescheidener und ruhiger Mann, der zufrieden mit seinem Leben und seiner Beziehung sein dürfte.

Und alles andere spielt keine Rolle mehr.
Das sollte öfter passieren.

DANKE, HOLLYWOOD

Danke, Hollywood,
für die vielen Variationen zu töten, die du
uns schon gezeigt hast.

Es reicht ja nicht ein Messer oder eine
Pistole, es gibt ja auch Maschinengewehre
und Raketen, jede Menge Bomben, Gifte und
biologische Waffen.

Verfolgt und erpresst wird nicht nur der
amerikanische Präsident, die Stadt New
York, der Millionär oben im Penthouse des
Wolkenkratzers - nein nein, auch ein Mann in
einer Telefonzelle, ein Busfahrer, der
Rechtsanwalt, die Exfrau oder das Kind, dass
ein Geheimnis weiß.

Und immer wieder natürlich: die ganze Welt.

Und dann können wir - danke, John Woo -
das "Killen" auch in Zeitlupe sehen!
Projektile aus Maschinengewehren,
Panzerfäuste und Raketen.
Blutspritzer auf weißen Hemden, hinter
zerschossenen Fenstern und
wasweißichnochwo ....

Danke, Hollywood, dass du unseren Söhnen
(die ganz wild sind auf diese Filme) etwas
über die Art und Weise, wie man Konflikte
löst beibringst. (Und ich hege den Verdacht:
auch erwachsene Männer lieben diese
Blutorgien).

Ich hoffe, dass sie es nicht einmal
nachmachen.

*PS: Ich widme diesen Text der Organisation
WHITE RIBBON, einer internationalen Bewegung
von Männern gegen Männergewalt – siehe
www.whiteribbon.at .*

ZWEI MÖGLICHKEITEN

Als ich in den weit geschnittenen Ausschnitt
sah, und dann in die zwei verschmitzten
Augen, dachte ich mir, dass es wohl zwei
Möglichkeiten gäbe, wie dieser Abend
weitergehen könnte:

Die erste:

Den begonnenen Smalltalk zu intensivieren
und noch ein paar Gläser zu trinken – dabei
darauf achten, dass sie mittrinkt.
Irgendwann die Frage "Gehen wir noch
wohin" zu stellen, und: "Hier sind so viele
Leute ..."
Völlig übermüdet in eine fremde Wohnung
zu fahren ... zur Sicherheit noch den
angebotenen Kaffee zu trinken ... eine fremd
riechende Frau zu küssen, deren Lippen
fremd schmecken und deren Bewegungen
ungewohnt sind.

Nervös darauf zu warten, ob die
Verhütungsfrage irgendwie zur Sprache
kommt ... beim Ausziehen zu bemerken, dass
diese Frau nackt nicht mehr das hält, was sie
angezogen versprach (und festzustellen, dass

ich eine ziemlich abgetragene Unterhose anhabe) ...

Beim Weiterküssen zu befürchten, dass diese Situation gar nicht so erregend wie ursprünglich angenommen ist ... die Verhütungsfrage endlich zu besprechen ... durch heftige Küsse und durch Handarbeit zu erreichen, dass meine Erregung endlich sichtbar wird ... mit Verhütungsmitteln herumzuhaspeln ... vielleicht auf dieser Frau zu liegen zu kommen, vielleicht aber auch zu sagen: "Es tut mir leid: Ich bin zu nervös - oder zu müde".

Dann entweder zu sagen: "Ich gehe lieber" Oder gefragt zu werden: "Möchtest du trotzdem hier schlafen?".

Am nächsten Tag übermüdet zu sein, ein schlechtes Gewissen zu haben ... meiner Liebsten etwas von "es ist spät geworden" ins Telefon zu stottern - und bei der nächsten Begegnung möglichst "normal" zu wirken - und mich dabei saublöd und abgrundtief schlecht zu fühlen.

Die zweite Möglichkeit:

Noch ein paar Späße mit der Frau mit dem schönen Dekolettee zu machen ... dann, weil ich wirklich müde bin, zu sagen: "ich werde jetzt heimfahren" und zuhause vielleicht noch Hand an mich zu legen und dabei an dieses Dekolettee zu denken .... um nach dieser kleinen Extase wie ein Engel einzuschlafen.

Am nächsten Tag meine Liebste zu treffen, die Vertrautheit und das Vertrauen zu spüren, die Schönheit unserer Gemeinsamkeiten, den Gleichklang unserer Angewohnheiten, die Zärtlichkeit, aus der immer wieder langsam die wilde Leidenschaft und die tiefe Ruhe entsteht.

Ist es nicht ganz klar, für welche Möglichkeit ich mich entscheide?

HORRORTHEK

Unlängst wieder einmal in der Videothek:

Die Suche nach einem entspannenden Film
für einen Abend nach einem anstrengenden
Tag.

Humorvoll wäre gut,
intelligent: eigentlich ein Muss
romantisch: auch nicht schlecht
(dann aber gleich auch sexy) ...

Nur: wo sind diese Filme zu finden?

Ich sehe nur Regale voll mit grimmigen
Männergesichtern,
die Pistolen und Gewehren in den Händen
halten.

Vielleicht bin ich in einem Horrorkabinett
gelandet? -
in einer Horrorthek sozusagen?

AN ANDERE MÄNNER

DEIN FRAUENHASS

Ich glaube ich weiß
warum du über "die Weiber" schimpfst

weil ich deine Geschichte mit Anita kenne,
von der du dich ausgenützt fühltest
und dann betrogen.

Und der du noch Alimente zahlen musst.

Aber nicht jede Frau ist Anita.

Und wenn dir dein hasserfülltes Leben
einmal selbst auf die Nerven gehen sollte,

schließ doch mit der Vergangenheit ab,
und entdecke,
welche anderen Frauen es noch gibt,

die mit Anita ziemlich wenig gemeinsam
haben.

ENGAGIERTE MÄNNER

Ich kenne viele Männer, die sich
ehrenamtlich und selbstlos engagieren.
In einer sozialen Organisation, in einer
Pfarre, durch ihre Spenden für die Opfer
einer Naturkatastrophe.

Um anderen zu helfen - aus Mitgefühl und
Solidarität.

Nur bei der Geschlechterdemokratie,
bei der simplen Frage, warum in unserem
Land die Frauen noch immer rund ein Drittel
weniger verdienen als die Männer,
ist das einzige, was ich aus Männermündern
höre:
"Sicherlich ein Problem, aber das müssen die
Frauen wohl selbst anpacken" ...

Und ich frage mich:
Warum soll für diese Variante der
Demokratie
nur die eine Hälfte der Bevölkerung
kämpfen?

GROßE FREIHEIT

Die Freiheit, die du dir um ein Jahresgehalt
gekauft hast,
besteht aus fünf Zentimetern, die sich dein
Fuß bewegen kann:
Pedal drücken, Pedal loslassen.
Sonst nicht viel.
Sogar festgezurrt bist du in einem Sitz.

Dort musst du nun die dreihundert
Kilometer festgezurrt bleiben,
und kannst nicht einmal ein Buch lesen oder
ein wenig auf dem Laptop schreiben.

Meine Freiheit besteht diesen Sonntag aus
zwei Rädern, (die mich ein Viertel meines
Monatsgehaltes gekostet haben)
vierzig Kilometern in frischer Luft (nicht
angegurtet),
und einem Liegeplatz auf einer ruhigen und
kühlen Lichtung,
zu dem man mit einem Auto gar nicht
vordringt.

So gibt es eben unterschiedliche
Vorstellungen von Freiheit,
die natürlich unterschiedlich viel kosten ...

MAN SIEHT SICH

Wenn du nicht ein so guter Freund wärst,
wäre ich ernsthaft beleidigt
jedes Mal, wenn du zum Abschied sagst
"Man sieht sich!"

In diesen drei Worten
steht weder ein ICH, noch ein DU ...

Ich wüsste also nichts darüber,
was ich für dich bin,
oder ob DU wirklich MICH sehen willst
(und warum).

Aber ich kenne dich jetzt schon zwanzig
Jahre

und ich glaube wir werden Freunde bleiben.

Auch wenn du so unverbindlich tust.

MÄNNERMÄRCHEN

Vor dem Schlafengehen
siehst du dir manchmal
Märchen für Männer an.

Mit unersättlichen Frauen,
die perfekte junge Körper haben
und alles mit sich machen lassen.

Pass nur auf
dass du diese Märchen nicht irgendwann
für die Wirklichkeit hältst.

Oder willst du
sexuell ferngesteuert weiterleben?

PRIORITÄTEN

"Ohne Bart sähe er viel besser aus"
sagen viele in deinem Bekanntenkreis,
die dein langes Singledasein bedauern.

Aber du wehrst dann immer ab mit den
Worten:

"Die, die mich will
muss mich mit Bart akzeptieren!"

Und ich denke mir,
du hast klare Prioritäten gesetzt:

Dein Bart ist dir wichtiger als die
Möglichkeit,
neue Chancen beim Kennenlernen von
Frauen auszuprobieren.

Dein Styling ist dir wichtiger als die Liebe!

Oder ist das überspitzt formuliert?

"OBJEKTIVE"
BEZIEHUNGSDISKUSSION

Fünfmal hast du deiner Frau also schon
deine "objektive Sichtweise" eurer
Beziehungsprobleme dargelegt,
erzählst du mir,
und sie könne sie noch immer nicht
nachvollziehen.

Wie ein Professor hast du damit ihre
"subjektive Sichtweise" - wie sie mir erzählt
hat – als falsch und minder abgetan - und
damit sie selbst.

Und ich frage mich was dir wichtiger ist:

Recht zu behalten oder liebevoll die
Wahrnehmung deiner Frau als gleichwertig
anzuerkennen.

ZUNGENBRECHER/INNEN

Der Bürgermeister tut es,
der Gewerkschaftsboss tut es,
und die Frauen an der Uni tun es sowieso:

Das Sprechen in der männlichen *und* der
weiblichen Form:

"Liebe Bürgerinnen und Bürger,
liebe Kolleginnen und Kollegen ...
die Studentinnen und Studenten."

Manchmal ein Zungenbrecher –
und immer wieder werden daraus ziemlich
lange Sätze.

Manche Männer finden das nervig.

Denen würde ich vorschlagen:
lassen wir der Einfachheit halber
die *männliche* Form ab jetzt immer weg!

Denn umgekehrt war es jahrhundertelang so.

BENEIDENSWERT

Typen wie ihn kann ich manchmal nicht
ausstehen:
Lange Haare, Bart, Sandalen,
sitzt vormittags um elf im Park und raucht,
neben sich ein blutjunges Ding.

Redet vielleicht von Wiedergeburt oder von
schamanischen Reisen oder vom letzten
Indien-Trip.

Geht offensichtlich morgens nicht arbeiten.
Vielleicht weil er von der Arbeitslosenhilfe
lebt (von meinen Steuergeldern!)?
Ist vogelfrei, weil er keine Verantwortung für
andere tragen muss (ich vermute, er hat keine
eigenen Kinder).
Hat vermutlich wenig mit Geldverdienen am
Hut (klar, sonst müsste er etwas anderes
anziehen),
hat daher auch keinerlei Ahnung vom
"wirklichen Leben" ...
und trotzdem eine junge hübsche Freundin.

Eigentlich zum kotzen.

Eigentlich beneidenswert.

WARUM DU NICHT MEIN FREUND BIST

Du bist wirklich nett,
und hast einiges interessantes zu erzählen,
und ich merke,
dass du mich gerne öfter treffen würdest.

Aber wenn du mich fragen würdest,
warum du nicht mein Freund bist,
würde ich dir erklären:

Weil du immer so lange redest,
und mir keine einzige Frage stellst.

Woher soll ich also wissen,
ob ich dir wichtig bin?

(Vielleicht wirst du diesen Grund jedoch nie
erfahren:
Weil du nie fragst.)

GRATISDOWNLOAD GLÜCK & ZUFRIEDENHEIT

Ach, Mann ...
Du hast im Internet nach "gratis download pamela anderson movie" gesucht,
anstatt jemanden anzurufen, um aus deiner Isolation herauszukommen.
Du hast nach "frec download sex pictures" gesucht,
anstatt mit deiner Frau endlich eine Paartherapie zu machen.
Du suchst nach "gratisdownload xxx videos" anstatt eine Bewerbung zu schreiben, die dich aus dieser unbefriedigenden Jobsituation befördern könnte,
und du suchst nach "free download hardcore movies",
anstatt deinen Körper durch Bewegung in jene Form zu bringen, mit der du dich gerne mit einer wirklichen Frau treffen würdest.

Warum suchst du eigentlich nicht nach "Gratisdownload Glück & Zufriedenheit" oder "Gratis download perfekter Job & perfekte Frau", anstatt überhaupt noch einen Schritt weg von diesem Bildschirm zu gehen
- hinaus ins wirkliche Leben?

SPIRITUELLER MANN

"Das bringt mich spirituell weiter" sagst du
immer wieder, wenn ich dich frage, warum
du auf dieses oder jenes Seminar fährst.

"Da spüre ich mich viel mehr" höre ich auch
immer wieder.
Und frage mich, warum ich absolut kein
Interesse an den meisten dieser Seminare
habe.

Vielleicht weil "spirituell" ein Begriff ist, der
für alles und nichts stehen kann?
Vielleicht weil ich den Verdacht hege, dass
dahinter eine gewisse Leere in deinem Leben
stecken könnte?
Vielleicht weil für mich ein ewiger
Seminartourismus etwas ähnliches ist wie
Extremsportarten: für Menschen, die auf der
Suche nach "irgendeinem" neuen "Kick"
sind?

Warum sprichst du nie von den Werten, die
du hast, und die Fixpunkte in deinem Leben
sind?
Das könnte Vertrauen, Natürlichkeit, Liebe,
Hilfsbereitschaft sein ...

Oder noch konkreter: "Ich möchte noch
einige hohe Berge besteigen!", oder:
"Ich möchte mit Gisela eine wirklich gute
Ehe führen!" ...

Irgend etwas konkreteres als "das bringt mich
spirituell weiter".

Manchmal, am Ende eines längeren
Gespräches mit dir sickert dann doch noch
eine versteckte Botschaft zu mir durch:
"Mit diesem Seminar wollte ich meine Angst
besiegen." hast du schon einmal zugegeben.
Oder: "Ich will vermeiden, dass ich jemals
wieder in diese Depression zurückfalle."

Und ein anderer Freund gestand mir: "Ich
bin einsam. Ich hoffe, auf einem solchen
Seminar jemanden kennen zu lernen".

Damit kann ich mehr anfangen als mit dem
Satz "das bringt mich spirituell weiter".

Und ich hoffe, dass du zu dir selber ehrlicher
bist als zu mir.
Denn wenn du wichtige persönliche Ziele
hast, wirst du sie vor allem dann erreichen,
wenn sie in deinem Kopf ganz klar formuliert
sind.

ZIGARETTEN

Mit vierzehn hast du wahrscheinlich deine
erste Zigarette geraucht
und die Übelkeit überspielt, die dein Körper
noch wochenlang dabei empfand.

Vielleicht "musste" man das in deiner Clique
tun, um dazuzugehören.
Vielleicht hattest du so viele Filmstars mit
Zigaretten im Mundwinkel gesehen, dass du
der Meinung warst:
Wenn ich auch so werden will, dann müssen
auch die Zigaretten dabei sein.

Und irgendwann waren die Zigaretten
"immer dabei".
Tausende Euros hast du bereits fürs Rauchen
ausgegeben - für etwas, zu dem du mit
vierzehn deinen Körper zwingen musstest
(denn dass er nicht wollte, hat er dir damals
deutlich gezeigt) - ergibt das einen Sinn?

Jetzt steht die Zigarette schon für so viel
mehr:
Für ein gemütliches Frühstück, für die
Arbeitspause, für das Verdauen nach dem
Mittagessen, für den Feierabend, für das

Zusammensitzen mit Freunden, für die
Minuten nach dem Sex.

Und natürlich hat man etwas in der Hand,
wenn man unruhig oder angespannt ist.

Eine schönes Ritual also - und eine
praktische Sache,

die dich irgendwann umbringen wird.

WELCHER MANN WILLST DU SEIN?

Manchmal denke ich mir, dir geht es nicht
gut - in deiner schwarzen Lederjacke, und
auch sonst: immer in schwarz.

Natürlich, Motorräder sind dein Leben, das
sollen alle sehen,
das ist eben dein Stil, und dazu gehört
wahrscheinlich auch deine ruppige Art "Alles
klar" zu sagen, auch wenn es dir nicht so gut
geht, und lieber noch ein paar Bier
hinunterzuspülen anstatt zu sagen: "Du, ich
habe ein Problem".

Aber du musst nicht so sein.

Sieh dir dort drüben den Mann mit dem
orangen Hemd und der Gitarre an: Er sieht
freundlich und lebendig aus. Wenn dir deine
schwarze Rockerkluft einmal zu eng wird,
könntest du versuchen, ein wenig wie er zu
werden: offener, lustiger, vielleicht auch
verletzlicher.

Du wirst nie genau wie er werden, aber du
könntest deine eigenen inneren Regeln ein
wenig ändern.

Vielleicht ist dieser Mann jedoch selbst nicht besonders zufrieden mit seinem Leben. Er könnte Schulden haben und neidvoll an seinen Bruder denken, der im mittleren Management ziemlich gut verdient. Er stellt sich vielleicht vor, wie es wäre, täglich mit Anzug und Krawatte in ein gut klimatisiertes Büro zu fahren und richtig Kohle zu machen.

Er könnte versuchen, wie sein Bruder zu werden, die Gitarre öfter beiseite zu legen und abends ein Wirtschaftsstudium beginnen. Oder sich einmal einen Anzug zu kaufen, was er bisher so verabscheute, um sich für einen anspruchsvolleren Job zu bewerben als es der derzeitige ist.

Er wird nie genau wie sein Bruder werden, aber er könnte seine inneren Regeln ein wenig ändern.

Lustigerweise sitzt drei Tische weiter genau so ein Typ mit Anzug und Krawatte: Er ist erst um acht gekommen - vielleicht musste er so lange arbeiten?

Er mustert dich schon eine ganze Weile. Und weißt du, was er sich vielleicht gerade denkt: "Warum habe ich mir kein Motorrad mehr gekauft, seit ich zwanzig war? Warum sitze ich bis spät am abends im Büro und das Leben geht an mir vorbei? Warum schmeiße ich nicht alles hin, kaufe mir ein Motorrad und so eine schwarze Lederjacke wie der Typ da drüben und fahre einfach los - spüre endlich wieder ein wenig Freiheit?

Er könnte versuchen, wie du zu werden. Er wird niemals genau wie du werden, aber er könnte seine inneren Regeln ein wenig ändern.

Welcher Mann willst du also sein?

Ein muskulöser Sportler, ein hilfsbereiter Altenhelfer, ein Mann, der als Hobby Figuren schnitzt? Einer, der die Berge geht oder ein Familienvater? Ein Maler und Zeichner oder ein Schachspieler? Ein Umweltaktivist, ein Naturschützer! Ein Hobbygärtner! Ein ehrenamtlicher Sanitäter oder Jugendführer. Ein Seelsorger oder ein Elektronik-Spezialist ... ?

Du kannst so vieles sein.

Es geht nicht von heute auf morgen.

Und du kannst dich vielleicht nicht um
hundertachtzig Grad ändern.
Aber du könntest deine inneren Regeln ein
wenig ändern.

JETZT, WO DU ARBEITSLOS BIST

Jetzt, wo Du arbeitslos bist, kommen Dir auf
einmal ganz ungewohnte Gedanken:

Ob es gut war, zu Deiner Birgit immer
wieder zu sagen "Mir ist das ganz recht, wenn
du nicht arbeiten gehst. Ich verdiene doch
genug!"
Und eigentlich gemeint hast "Da sind meine
Hemden wenigstens immer gebügelt und ein
warmer Braten steht abends auf dem Tisch".

Ob es gut war, Birgit damals in der
Schwangerschaft zu sagen: "Das mit dem
Handelsschulabschluss kannst du ja auch in
ein paar Jahren nachholen - das eilt ja nicht."
Und gedacht hast "Für die Kindererziehung
wird sie ihn ja sicher nicht brauchen."

Jetzt bist Du über Fünfzig und das Geld wird
knapp - ein zweites Einkommen wäre
ziemlich wichtig.

Und wie Du früher immer wieder geschimpft
hast über deine Tochter, wenn sie von
Frauenemanzipation gesprochen hat - und
Chemie studieren wollte!
„Die jungen Frauen haben ja so einen

Dickschädel" hast du geflucht - und sie hat das tatsächlich durchgesetzt!

Eigentlich verdient sie jetzt recht gut als Chemieingenieurin in einem Pharmaunternehmen.

Ob du dir von ihr ab und zu etwas leihen könntest?

AUSLÄNDISCHE MÄNNER

Ich gebe zu:
mir sind Afrikaner in der U-Bahn manchmal
zu laut.
Und ich vermute, dass das Machogehabe
mancher türkischen Männer,
das mir ziemlich auf die Nerven geht,
etwas mit ihrer kulturspezifischen Erziehung
zu tun hat.

Das Traurige dabei ist:
Ich werde mit diesen Mit-Männern
möglicherweise nie ins Gespräch kommen.

Um sie zu fragen: "Wie kommt es, dass du
dich so verhältst? Wie war deine Kindheit?
Wie lebt es sich in deinem Land?"

Ich vermute, ich würde sie danach besser
verstehen -
und möglicherweise ganz nett finden.

WIR PAVLOVSCHEN HUNDE

Das funktioniert noch immer - seit vierzig,
fünfzig Jahren schon?
Ein Plakat mit viel weiblicher Haut - wir
Männer schauen hin. Ein tiefes Dekollete?
Wir schauen hin.
Lange Beine - kurzer Rock?
Wir schauen hin.

Egal ob damit Motoröl, Kaffee, ein
Pokercasino oder eine Versicherung
angepriesen wird:
Wir schauen hin.

Da sind wir pavlovsche Hunde: das
Appetitsignal wird gedrückt - und uns läuft
das Wasser im Mund zusammen - so einfach
ist das:
Hingucken tun wir auf jeden Fall!

Aber kaufen?

Seltsam nur die TV-Zeitungen: Lauter
tiefdekolletierte blitzlächelde Schönheiten am
Cover ...
Kaufen nur Männer TV-Illustrierte?
Ist das ein "typisches Männerprodukt"?

Oder gibt es nichts anderes im TV Programm? Keine Nachrichten mehr, keine Krimis, keine Sportsendungen - nur sexy gestylte Frauen?

Immer öfter bin ich diese Opto-Anmache ziemlich leid: Ich kaufe doch absolut nichts wegen dieser Frauenbilder, wenn mich das Produkt nicht interessiert!

Bleibt also nur das Appetitsignal übrig ...

Frage an andere Männer: Was kauft Ihr (noch) wegen sexy gestylter Frauen in der Produktwerbung?
Überhaupt irgendwas?

Frage an die Werbebosse:
Ist der Erfolg dieser Strategie empirisch belegt?
Wenn nein, warum dieses permanente Appetitsignal? Wollt ihr uns Männer für blöd verkaufen?
Denn nachdem wir eben doch keine Hunde sind, führt das Signal nicht zur Aktion. Aber vielleicht werden wir - Hunden gleich - trotzdem einmal eine Meute - und die wird sagen: "Genug davon, ihr sexistischen Arschlöcher! Fällt euch nichts

sachlicheres ein zu diesem Produkt, als eine halbnackte Frau danebenzustellen?

Raus aus der Steinzeit, Ihr Werbebosse, sonst seid Ihr euer Geld nicht wert!"

RICHTIGE FREUNDE

Als du zugegeben hast, dass du auch nicht
Pinkeln kannst,
wenn im Männer-WC ein anderer neben dir
steht
bist du mir schon richtig sympathisch
geworden.

Und als wir später einmal darüber sprachen,
wie oft wir es uns selbst besorgen
(und an welche Frauen wir dabei schon
gedacht haben)
da wusste ich:

Wir sind schon richtig gute Freunde.

WIR SOLLTEN DIE FRAUEN RANLASSEN

Wir sollten die Frauen ranlassen.

Wir Männer machen den Kram jetzt schon
so lange alleine ...

Nicht weil sie es besser könnten -
sondern weil sie alles, was wir da beschließen
ja auch immer zu fünfzig Prozent mit-
ausbaden müssen.

Und vielleicht sind diese Beschlüsse ja auch
nicht der Weisheit letzter Schluss.
(Wenn ich denke, wie lange wir oft ratlos
herumdiskutieren ...).

Vielleicht machen es die Frauen anders,
vielleicht sehen sie Dinge, die wir übersehen
haben (und in einer so langen Zeit kann
mann schon einmal betriebsblind werden)

Wir sollten wirklich die Frauen ranlassen.

Denn mal ehrlich: Sind die ewigen Sitzungen
wirklich so schön, während draußen die
Frühlingssonne durch die Blätter scheint?

Jetzt könnten wir draußen sitzen, bei einem
kühlen Glas Bier, und Fünfe gerade sein
lassen, während die Frauen unseren Job
machen.

Das wäre mir auch einen kleineren
Gehaltsscheck wert:

Denn wann wollen wir beginnen, das Leben
zu genießen – erst in der Pension?

LONELY COWBOY

Ein schöner Song von den Eagles:
"Desperado" - kennst du vielleicht.

Über etwas, was viele Männer glauben, tun
zu müssen:
Probleme immer nur alleine zu lösen.
Indem man sich zurückzieht:

ins Alleinsein, die Abgeschiedenheit,
ein bisschen mit dem "lonesome Cowboy" zu
liebäugeln
der abends ins Lagerfeuer starrt (und die
Mundharmonika spielt leise dazu).

Leider drehen sich dort (und bei "deinem
Lagerfeuer" - was oder wo immer das auch
ist) die Gedanken oft im Kreis.

In einem unangenehmen, destruktiven Kreis,
der dich nicht weiterbringt, sondern dich
vielleicht wütend macht.

Oder verzweifelt.

Dann musst du raus aus diesem einsamen
Kreis - und rein unter die Menschen:

Es irgendjemandem erzählen.
Wenn du Glück hast, hast du einen Freund
dazu - oder eine Freundin.

Wenn nicht, wird es Zeit dich auf die Suche
nach Freunden zu machen.

Vielleicht, indem du von deinen Sorgen
erzählst!

Dein Gegenüber könnte sich denken:
Endlich einmal einer, der keinen Smalltalk
mehr erzählt. Endlich einer, der sich nicht
hinter einer coolen Fassade versteckt.

Endlich ein normaler Mensch.
Mit Problemen wie du und ich.

Und das könnte der Beginn einer neuen
Freundschaft sein.

DAS ENDE DER SUCHE

Hättest du Angst - oder wärst du
erleichtert? - wenn ich dir sagen würde:
Die Suche nach der Männlichkeit ist
vorbei?

Wir leben im einundzwanzigsten
Jahrhundert - in Mitteleuropa - und
brauchen uns die Frage nach der "richtigen
Männlichkeit" nicht mehr zu stellen.

Wenn du dich nackt vor den Spiegel stellst,
dann weißt du doch:

Du BIST ein Mann.
Das kann dir keiner wegnehmen.

Und deine Beziehungen zu anderen
Menschen kannst du doch individuell
regeln:

Was für ein Mann du für eine Frau sein
willst - und ob du dir eine Frau suchst, die
genau das von dir erwartet, oder lieber eine
ganz andere.

Was für ein Mann im Beruf sein willst

(das kommt ja auch ganz auf deinen Beruf an!).
Was für ein Mann du für deine Freunde sein willst - oder hast du die falschen Freunde?

Ob du stark sein willst oder schwach,
hetero- oder homosexuell,
wild oder ruhig,
erfolgreich oder nicht,
auf der Suche nach Reichtum oder Bescheidenheit,
mutig oder ängstlich,
Single oder zu zweit ...

Du hast alle Möglichkeiten offen!

Also lass dir keine Klischee-Männlichkeiten unterjubeln,
von "Lifestyle Magazinen", Filmen oder sonstigen Medien.

Du bist ein Mann - daran ist nicht zu rütteln.

(Ich finde: Du solltest erleichtert sein).

MANN AN FRAU

KEIN NATURGESETZ

Ziemlich beschissen fühle ich mich,
wie ich mich da morgens von dir
verabschiede,
obwohl die Hälfte deiner Wohnung im
Dunkeln liegt:

War es ein Kurzschluss? Aber die
Sicherungen haben wir überprüft!
Ist es ein kaputter Schalter?

Wenn ich im Büro anrufe und sage: ich
komme später,
könnte ich noch mit dem Schraubenzieher
den Schalter aufschrauben, der es sein könnte
- und noch andere mögliche Elektro-
Schwachstellen überprüfen.

Aber du sagst schon "Ich rufe halt den
Elektriker",
und obwohl das einen Haufen Geld kosten
wird, denke ich mir:
Es ist kein Naturgesetz, dass ich mich mit
diesen Elektrosachen besser auskenne als du.

Auch in deinem Elternhaus gab es schon
kaputte Sicherungen auszutauschen - und ab
und zu einen Schalter.

Gut, damals dachte vielleicht niemand in deiner Familie daran, das einem Mädchen zu erklären oder zu zeigen.

Aber dann bist du auch in eine eigene Wohnung gezogen, und so viel ich weiß: Nicht immer mit einem Mann, der alles repariert.

Du hättest all das, was ich von Schaltern, Leitungen und Sicherungen weiß, genauso lernen können, wenn es dich wirklich interessiert hätte.

Und deshalb versuche ich, mein beschissenes Gefühl, dass ich dich gerade mit einem technischen Problem im Stich gelassen habe, anders zu sehen.

Leicht fällt mir das allerdings nicht.

ERZIEHUNGSMACHT

"Das machen doch alle so", sagst du immer
wieder, wenn wir über die Erziehung der
Kinder sprechen, und ich etwas anders
machen würde.

"Alle", das sind vor allem deine Freundinnen
Gisela, Barbara und Iris und deine
Bürokolleginnen –
offensichtlich hast du über dieses Thema
noch mit keinem einzigen Mann gesprochen.

Nicht dass es ein Mann unbedingt besser
wüsste, aber es hat dich auch noch nie
interessiert.

Und ich selbst bin gegen die Meinung "aller"
so lange machtlos, so lange ich nicht mit ein
paar Karenzvätern - nennen wir sie Günther,
Michael und Karl – aufkreuze und wir
unisono sagen "Das machen doch alle so".

Muss ich also noch zwanzig Jahre warten, bis
es so viele aktive Väter gibt?
Oder könntest du - sozusagen als Vorgriff -
einmal sagen: "Deine Meinung als Vater
interessiert mich auch - könnten wir das nicht
auch mit anderen Vätern diskutieren?"

AN DIE ESOTERIKERIN

Du beschäftigst dich mit spirituellen
Themen,
ein wenig mit Astrologie, ein wenig mit Reiki,
Pendeln, Kartenlegen, Engelsbotschaften,
und einer neuen (oder ganz alten)
Ernährungslehre.

Vielleicht, weil du beruflich keine Perspektive
mehr siehst, vielleicht, weil deine
Partnerschaft auf Eis liegt, oder weil du
gesundheitliche Probleme hattest,
das kann ich nur vermuten
(aber ich kennen einige Esoterikerinnen, auf
die diese drei Dinge zutreffen).

Und vielleicht ohne es zu merken, bist du
Teil eines Booms geworden,
der uns Männern jene Macht zurück über
den Tisch schiebt,
für die deine Schwestern so lange gekämpft
haben:

Die Macht in der Politik, im Berufsleben, in
Wirtschaft, Umwelt, Bildung und Kultur.

Denn für das alles interessierst du dich nicht
mehr.

PATCHWORKFAMILIE

Stundenlang haben wir schon darüber
gesprochen, und ich weiß, dass du dir meine
Unterstützung wünscht.
Für das nicht immer einfache Leben mit
deiner Tochter, diesem aufgeweckten und
lustigen Mädchen.

Aber ich bin diese Unruhe in eurer Wohnung
nicht mehr gewohnt, das Musikhören,
Fernsehen, Dauertelefonieren, Klavierüben,
Tanzen - jederzeit, bis in den späten Abend
hinein.

Und mir kommt vor:
Da will sich auch keiner einschränken,
"wegen eines Mannes ..."
Das ist euer kleines Mutter-Tochter-Paradies:
Eine Festung in der Brandung des -
frauenfeindlichen? - Lebens, wo nur eure
eigenen Regeln gelten, nachdem ihr die des
früher "vorhandenen" Vaters und
Ehemannes endlich abgestreift habt.

Und ich finde diese Frauen-WG wirklich gut,
ehrlich!

Aber ich sehe dort keinen Platz für einen
Mann wie mich, der lange Jahre seine eigene,
zunächst einsame, dann aber auch
beschauliche Welt gestaltet hat, so dass es
ihm - genauso wie euch - zur Gewohnheit
geworden ist, in seiner Wohnung nur nach
seinen Vorstellungen zu leben.

Rede also bitte nicht von meinem
mangelnden Engagement oder sogar von
"mangelnder Liebe" - sei ehrlich genug, um
von Gewohnheiten zu sprechen, die zu
ändern uns so schwer fällt:

Nicht nur mir, dir genauso.

VÄTER, KINDER, JUGENDLICHE

SEXISTISCHE WERBUNG

Ich gebe zu:
Es kommt wirklich selten vor, dass Männer
in der Werbung auf eine Rolle festgelegt
werden,
die sie vielleicht gar nicht mehr spielen
wollen.
Aber es kommt vor.

Ich erinnere mich an die Fernsehwerbung
eines österreichischen Mobilnetz Anbieters,
in der ein Vater auf einer (schönen, langen,
schnellen) Autobahn geschäftlich unterwegs
ist,
offensichtlich zu weit weg - oder zu spät - um
seinen Sohn noch zu sehen, der ihm seinen
selbstgebauten Drachen zeigen will.

Aber schließlich kann dieser Vater seinen
Sohn doch noch sehen:
auf seinem Handydisplay - durch die
Möglichkeit der Videotelefonie - und
schmunzelt zufrieden.

Eine ganz ähnliche Werbung gab es für
denselben Vater,
der zur Theatervorführung seiner Tochter zu
spät kommt,

aber das Anprobieren der Verkleidung
noch als Bild-SMS sehen kann.

"Nicht so schlimm" will uns Vätern diese
Werbung einreden,
"solange du ein Multimedia Handy dabei hast
kannst du ruhig auch aus der Distanz ein
guter Vater sein ..."

Und da ein bestimmter Mann nicht nur
General Manager dieser Telekom-Firma war,
sondern auch selbst die Vaterrolle in diesen
Spots spielte,
darf er wohl als verantwortlich für diesen
Schwachsinn angesehen werden:

Danke, Boris Nemsic!

DEIN SOHN

Ich sehe deinen Sohn nur mehr vor dem
Internet sitzen.

Du sagst dann: der kommuniziert halt so mit
seinen Freunden, beim Chatten und Mailen -
das machen doch alle so in seinem Alter!

Aber ich frage mich
ob bestimmte, wichtige Aspekte der
Kommunikation beim Chatten und SMSen
nicht verloren gehen:

Einen Gesichtsausdruck zu interpretieren,
sich Sorgen wirklich ausführlich anzuhören,
jemandem Mitgefühl und menschliche
Wärme zu zeigen, der einem von Angesicht
zu Angesicht gegenüber sitzt.

Und ich denke
du als sein Vater kannst etwas dazu tun,
dass gerade diese empathischen Fähigkeiten
bei deinem Sohn gefördert werden:
Indem du ihn nur begrenzt vor den
Bildschirm lässt.

Denn wir brauchen in Zukunft Männer,
deren kommunikative Kompetenz so hoch

ist, dass sie die Herausforderungen ihrer
Umwelt in allen Facetten erkennen,

nicht nur in der jeweiligen Bildschirmversion.

SANFTE GEBURT

Wochenlang haben sich Walter und Gisela
auf die Geburt ihres Kindes vorbereitet.
Sanft sollte sie sein und möglichst natürlich,
weil das für die Psyche des Kindes immens
wichtig sei.

Und Walter sollte natürlich dabei sein.

Die Geburt ging tatsächlich harmonisch und
problemlos über die Bühne, aber Walter
stürzte sich kurz darauf wieder auf seinen
stressigen Job, und hatte auf einmal nur mehr
wenig Zeit für sein Kind.

Ob es nicht für ein Kind ebenso wichtig ist,
die Anwesenheit des Vaters *nach* der Geburt
zu spüren, wie das Erleben einer sanften
Geburt?
Ob daher eine Absprache mit Walters
Firmenleitung über reduzierte Aufgaben und
Teilzeit nicht genauso wichtig gewesen wären
wie das Finden und Finanzieren einer
natürlichen Geburtsklinik?

Aber so lange eine natürliche Geburt
einfacher zu organisieren ist als der Kampf
um familienfreundlichere Arbeitszeiten, so

lange flüchten sich junge Eltern wahrscheinlich lieber in das Erleben jener paar intensiven Stunden der Geburt anstatt die aufreibende Planung der aktiven Vaterschaft für die ersten Jahre danach in Angriff zu nehmen.

AKTIVER VATER

Als er dem kleinen Mädchen durch die Haare
fährt, beginnend hinter dem Ohr, mit den
Fingern durch ihre Locken, dreimal, ganz
langsam, durchzuckt es mich: "So streichelt
man doch kein kleines Mädchen - so
streichelt man eine Frau!"

Starr beobachte ich weiter und wünsche mir,
dass nicht stimmt, was ich befürchte.

Und als er "Gib mir ein Bussi" flüstert und
ihr die gespitzten Lippen hinhält - sie ihn
daraufhin auf den Mund küsst, hoffe ich:

"Vielleicht ist das ein ganz normaler,
zärtlicher Umgang mit einer so süßen
Tochter - ich selbst habe ja nur Söhne, ich
kann das doch gar nicht beurteilen".

Ist der Grat zwischen der aktiven
Vaterschaft, die wir "neuen Männer" leben
wollen und dem Verdacht auf Missbrauch
wirklich so schmal?

KILLERSPIELE

Ich habe als Kind gerne Cowboy und
Indianer gespielt.

Und mein sehnlichster Wunsch war damals
ein Spielzeuggewehr (das ich dann auch
bekommen habe).

Aber es war in jeder Sekunde dieses Spieles
klar
dass es sich um eine Spielzeugwaffe handelt,
dass die Mitspielenden Freunde waren
und dass niemals Blut fließt wenn man den
Abzug drückt.

Ab und zu packt mich auch jetzt noch bei
Schießbuden die Lust
meine Zielsicherheit auf die Probe zu stellen.

Auf ein Ziel zu schießen - als
Geschicklichkeitsübung - ist eine lustige
Sache.

Das Töten von Menschen zu üben - wie es
Millionen junge Männer täglich vor dem PC
tun - absolut nicht.

RUDELBILDUNG

Manche jungen Männer sind wirklich
sympathisch,
zuvorkommend und verständnisvoll,
hilfsbereit und höflich.

So lange sie alleine sind.

An Freitag- und Samstagabenden verwandeln
sich manche von ihnen
dann leider in ungehobelte Rüpel,
die grölend mit Bierdosen durch die Straßen
ziehen,
wie heulende Wölfe.

Rudelbildung nennt man das wohl im
Tierreich,
wenn es auch dort meist um den Schutz der
einzelnen geht,
die alleine zu schwach wären, um zu
überleben.

Vielleicht geht es hier um den Schutz eines
aussterbenden Männlichkeitsideals,
das alleine zu schwach wäre, um zu
überleben?